BEI GRIN MACHT SICH IHR WISSEN BEZAHLT

AF152867

- Wir veröffentlichen Ihre Hausarbeit, Bachelor- und Masterarbeit

- Ihr eigenes eBook und Buch - weltweit in allen wichtigen Shops

- Verdienen Sie an jedem Verkauf

Jetzt bei www.GRIN.com hochladen und kostenlos publizieren

Mathias Hirsch

Morphologische Analyse & Effizienz und Effektivität

Lösungen zu zwei Aufgaben im Wahlfach BWL

GRIN Verlag

Bibliografische Information der Deutschen Nationalbibliothek:

Die Deutsche Bibliothek verzeichnet diese Publikation in der Deutschen National-
bibliografie; detaillierte bibliografische Daten sind im Internet über http://dnb.d-
nb.de/ abrufbar.

Dieses Werk sowie alle darin enthaltenen einzelnen Beiträge und Abbildungen
sind urheberrechtlich geschützt. Jede Verwertung, die nicht ausdrücklich vom
Urheberrechtsschutz zugelassen ist, bedarf der vorherigen Zustimmung des Verla-
ges. Das gilt insbesondere für Vervielfältigungen, Bearbeitungen, Übersetzungen,
Mikroverfilmungen, Auswertungen durch Datenbanken und für die Einspeicherung
und Verarbeitung in elektronische Systeme. Alle Rechte, auch die des auszugsweisen
Nachdrucks, der fotomechanischen Wiedergabe (einschließlich Mikrokopie) sowie
der Auswertung durch Datenbanken oder ähnliche Einrichtungen, vorbehalten.

Impressum:

Copyright © 2012 GRIN Verlag GmbH
Druck und Bindung: Books on Demand GmbH, Norderstedt Germany
ISBN: 978-3-656-49929-9

Dieses Buch bei GRIN:

http://www.grin.com/de/e-book/232904/morphologische-analyse-effizienz-und-
effektivitaet

GRIN - Your knowledge has value

Der GRIN Verlag publiziert seit 1998 wissenschaftliche Arbeiten von Studenten, Hochschullehrern und anderen Akademikern als eBook und gedrucktes Buch. Die Verlagswebsite www.grin.com ist die ideale Plattform zur Veröffentlichung von Hausarbeiten, Abschlussarbeiten, wissenschaftlichen Aufsätzen, Dissertationen und Fachbüchern.

Besuchen Sie uns im Internet:

http://www.grin.com/

http://www.facebook.com/grincom

http://www.twitter.com/grin_com

Wahlfach BWL

Hausarbeit im Kurs

BWL in der öffentlichen Verwaltung 1

Vorgelegt von

Mathias Hirsch

Kassel, 02.06.2011

Inhaltsverzeichnis

Aufgabe 1:

Bitte erstellen Sie mit Hilfe des Instrumentes der morphologischen Analyse vier verschiedene Typen von (wahlweise) Projekten oder wichtigen Verwaltungsprozessen, an denen Sie beteiligt sind! Erläutern Sie bitte Ihr Vorgehen!

Aufgabe 2:

Zeigen Sie bitte anhand von drei Beispielen aus Ihrem derzeitigen Tätigkeitsbereich auf, dass Effizienz und Effektivität nicht immer gleichzeitig vorliegen müssen! Erläutern Sie bitte Ihre Argumentation!

1   Morphologische Analyse

Fragestellung 1 beinhaltet die morphologische Analyse von Prozessen innerhalb des Truppendienstgerichtes, in welchem der Autor tätig ist.

Ziel der Aufgabe ist es, die Vorgehensweise einer solchen Analyse abzubilden.

Die morphologische Analyse ist eine kreative heuristische Methode, um komplexe Problembereiche vollständig zu erfassen und alle möglichen Lösungen vorurteilslos zu betrachten.[1]

Zusammen mit der Analyse des Problems ist eine Verallgemeinerung der Fragestellung zweckmäßig. Dadurch erweitert man das Problemfeld mit dem Ziel, originelle Lösungen zu finden.[2] Die morphologische Analyse bedient sich des morphologischen Kastens, des anschaulichen Bildes einer mehrdimensionalen Matrix.

Für eine Fragestellung werden hierzu bestimmende Merkmale festgelegt und untereinander geschrieben. Hierbei ist darauf zu achten, dass die Merkmale unabhängig voneinander sind und dass sie im Hinblick auf die Aufgabenstellung operationalisierbar sind.

Sodann werden alle möglichen Ausprägungen des jeweiligen Merkmals rechts daneben geschrieben. So entsteht eine Matrix, in der jede Kombination von Ausprägungen aller Merkmale eine theoretisch mögliche Lösung ist.

Danach wird aus jeder Zeile eine Ausprägung des Merkmals gewählt, wodurch eine Kombination von Ausprägungen entsteht. Dieser Auswahlprozess wird mehrmals durchgeführt. Mit den entstandenen Kombinationen von Ausprägungen werden Ideen entwickelt.

Folgende Projekte bzw. Verwaltungsprozesse sollen beispielhaft dargestellt werden:

1) Dezentralisierung der Schreibkräfte (SK)

2) Gestaltung eines IT-Weiterbildungsseminars

3) Bearbeitung von Kostennoten einer Rechtsanwaltskanzlei

4) Auslosungsverfahren ehrenamtliche Richter

---

[1] Schulte-Zurhausen: *Organisation*. 3. Auflage. 2002, S. 562

[2] Siemens AG (Hrsg.): *Organisationsplanung*. 8. Auflage. 1992, S. 158-160

1.1 Dezentralisierung der Schreibkräfte (SK)

Grundlage der morphologischen Analyse zur Dezentralisierung war die Umstrukturierung der bestehenden Aufbauorganisation vor dem Hintergrund der Einsparreform seitens der Bundeswehr, aus welcher der klare Auftrag hervorging, den Kostenfaktor Personal soweit zu reduzieren, dass die Aufgabenerfüllung der Gerichtsstandorte weiterhin gegeben ist, jedoch unter optimaler Auslastung der vorhandenen Kapazitäten.

Der morphologische Kasten für das Beispiel der Dezentralisierung der Sachreibkräfte hat folgenden Aufbau:

Parameter	Mögliche Varianten		
Anzahl der SK	Je Geschäftsstelle eine SK	Je Standort eine SK	Keine SK
Zuständigkeiten	Schreiben und Ablage	Nur Schreiben	Schreiben, Ablage und Sitzungsvorbereitung
Technische Ausstattung der SK	Einzelplatz – PC	Netzwerk – PC	
Textstandardisierung	Keine	Textbausteine	Maskenaufruf
Nachbesetzung	Künftig wegfallend	Nachbesetzung durch interne Ausschreibung	Outsorcing

Auf Grund der festgestellten Arbeitsauslastung im Zielbetrieb der Truppendienstgerichte ist es ausreichend, eine Schreibkraft pro Kammerstandort (derzeit zwei) einzusetzen, um alle anfallenden Urteile in Schriftform zu übertragen; hier wäre die Einsparung einer SK[3] je Geschäftsstelle möglich. Hinsichtlich der Zuständigkeiten wird auf Grund der erhöhten Einstufung der Entgeltgruppe neben dem Schreiben auch die Ablage als Aufgabe zugewiesen, eine Arbeitsverdichtung oder interne Versetzung müssen hierbei hingenommen werden, um den Gehaltsanforderung gerecht zu werden.

Zum Datenaustausch soll auf bestehende auf Netzwerke zugegriffen werden, so ist ein Netzwerk-PC zwingende Voraussetzung; die Einbindung der Schreibkraft ins bestehende System (Anlage Neuaccount, Freischaltung Netzwerk) ist technisch und finanziell keine Mehrbelastung. Die Textstandardisierung erfolgt durch die SK selber, um die eigenen Abläufe zu optimieren und sie im Geschäftsprozess optimal

---

[3] bisher eine SK je Geschäftsstelle

Mathias Hirsch　　　　Universität Kassel　　　　SS 2011

einzubinden, da durch die Nutzung der Textbausteine die Bearbeitungszeit erheblich verkürzt wird.

Eine Nachbesetzung soll erfolgen, da bei Wegfall der SK die Konzentration der übrigen Mitarbeiter auf ihre Kernaufgaben qualitativ und quantitativ nicht mehr gegeben ist.

1.2 Gestaltung eines IT-Weiterbildungsseminars

Beim Projekt Gestaltung eines Weiterbildungsseminars wurde folgende morphologisch Analyse durchgeführt:

Parameter	Mögliche Varianten		
Ziel des Seminars	Weiterbildung	Vermittlung Grundwissen TDG-AC[4]	Individuelle Problemlösung
Seminarstil	Einzelvortrag	Angeleitete Gruppenarbeit	Online-Sitzung
Unterlagen	Versand vor Seminar	Versand nach Seminar	Ausgabe vor Ort
Teilnehmerkreis	Schreibkräfte	Geschäftsstellenpersonal	Vorsitzende Richter
Referenten	Externe	Interne Fachkraft	Interne Vorgesetzte

Vorgabe des Seminars war der grundsätzliche Einstieg in ein neues Anwendungsprogramm (TDG-AC) im organisatorischen Bereich der Truppendienstgerichte. Ziel war zunächst die Vermittlung von Grundwissen über das Programm.

Da diese Anwendung bis dato aus der Entwicklungsstufe heraus angewandt werden sollte, kam nur ein Vortrag der internen Fachkraft in Frage, da die technische Ausarbeitung ihr oblag und die technischen Voraussetzungen für eine Online-Sitzung auf Grund fehlender Haushaltsmittel nicht geschaffen werden konnten. Um die Konzentration der Teilnehmer auf das Seminar zu legen, sollten keine Unterlagen im Vorfeld oder während des Seminars ausgegeben werden. Der Teilnehmerkreis sollte sich vor allem als Multiplikator der Anwendung wissen und wurde dementsprechend ausgewählt.

---

[4] Geschäftsstellenprogramm Truppendienstgerichte (interne Software – Accessbasierte Datenbank)

1.3 Bearbeitung der Kostennote[5] einer Rechtsanwaltskanzlei

Beim diesen Verwaltungsprozess beschränkte sich der Teilnehmerkreis für die morphologische Analyse auf die betroffenen Geschäftsstellenleiter und erfolgte bundesweit im Austausch mit allen Kammerstandorten[6].

Parameter	Mögliche Varianten		
Zuständigkeitsprüfung	Posteingang	Geschäftsstelle mittlerer Dienst (mD)	Leiter Geschäftsstelle
Aktenzugang	Zutrag durch Geschäftsstelle mD	Zutrag durch Posteingang	Abholung im Bearbeitungs- fach
Vorlagenerstellung	Geschäftsstelle mD	Schreibkraft	
Rechtsgrundlagen	Buchform	Digitale Recherchemodule[7]	Handout
Prüfung nach Bearbeitung	Kostenprüfungs- beamter	Vorgesetzter	keine
Versand	Bearbeiter gehobener Dienst (gD)	Geschäftsstelle mD	Schreibkraft
Eintrag TDG-AC	Durch Prüfer	Bearbeiter gD	Durch Schreibkraft
Zahlbarmachung	Online im System BfF[8]	schriftlich mittels Formblatt (F25)	

Die Frage der Zuständigkeitsprüfung ergab sich aus der DIGOT[9] und konnte rechtlich nicht abgegeben werden. Der Aktenzugang zur Bearbeitung und die Vorlagenerstellung erfolgt fortan über die Geschäftsstelle mD, um Bearbeitungswege zu verkürzen und die schnellstmögliche Vorlage an die/den Bearbeiter/in gD zu gewährleisten.

Zur Frage im Hinblick auf die Zugriffsmöglichkeiten auf Rechtsgrundlagen setzte sich die digitale Form der Vorschriften durch, da hier die jeweils aktuellste Fassung

---

[5] Unter einer Kostennote versteht man die Rechnung eines Rechtsanwalts für seine anwaltliche Tätigkeit

[6] Derzeit 15 Kammerstandorte mit 20 Geschäftsstellenleitern – Austausch im Jahr 2010 KW 36-38

[7] Online verfügbar unter http://juris.de/jportal/nav/startseite/startseite.jsp, zuletzt aktualisiert am 28.05.2011, zuletzt geprüft am 31.05.2011.

[8] Zugang über Zentrum für Informationsverarbeitung und Informationstechnik (ZIVIT)

[9] Dienst- und Geschäftsordnung der Truppendienstgerichte (BMVg VR I 5 Az 11-02-06)

online vorliegt und die Beschaffung neuer Gesetzestexte nicht nur zeit- sondern vor allem kostenaufwändig ist.[10]

Es wurde seitens juris mit dem BMVg ein Rahmenvertrag geschlossen, welcher die kostenlose Nutzung von juris einerseits bei gleichzeitiger Einstellung aller anonymisierter Urteile andererseits gewährt.

Die Prüfung der Kostennote kann gemäß DIGOT nur vom Kostenprüfungsbeamten der Truppendienstgerichte erfolgen, eine Auslagerung kommt rein rechtlich nicht in Frage.

Der Versand, als auch der Eintrag ins TDG-AC, erfolgen organisatorisch durch die Geschäftsstelle mD, da dort die abschließende Prüfung des Sachverhaltes und die gleichzeitige Eintragung erfolgen kann (quasi wie im one-stop-shop).

Die Zahlbarmachung wird durch die bundeseinheitliche Einführung des Zugangs zum Host-on-demand Verfahren des Bundesministeriums für Finanzen erleichtert und lässt die umständliche schriftliche Ausarbeitung jeder Zahlung entfallen.

Die Schulungskosten hierfür sind marginal, da Schulungen im Rahmen der Amtshilfe seitens der Bundeskassen bundesweit angeboten werden.

1.4 Auslosungsverfahren ehrenamtliche Richter

Parameter	Mögliche Varianten		
Zuständigkeit	Geschäftsstelle mD	Bearbeiter gD als Fachkraft	Richterliches Personal
Vorlage zur Datenerhebung	Stabsstellen Militär	Wehrdisziplinar- anwälte	Kompanie- ebene
Datenverarbeitung	Vorlage Excel	Eingabe TDG-AC	MS Word
Auslosungsverfahren	Geschäftsstelle mD	Bearbeiter gD als Fachkraft	Richterliches Personal
Datenim- und –export	Geschäftstellen- programm	Austausch via USB-Stick	Austausch von Ausdrucken
Mitteilung	Serienbrief	Einzeldruck	Via Lotus Notes
Rücklaufüberwachung	Geschäftsstelle mD	Bearbeiter gD als Fachkraft	Richterliches Personal

---

[10] Vergleich Buchbeschaffung pro Standort ca. 380 Euro/Jahr – Zugang juris.web kostenfrei (Rahmenvertrag)

Mathias Hirsch   Universität Kassel   SS 2011

In diesem Verwaltungsprozess geht es um die reibungslose Bearbeitung der Auslosung für die ehrenamtlichen Richter (vgl. Schöffen) bei den Truppendienstgerichten.

Zur Frage der Zuständigkeit kann festgehalten werden, dass die Gesamtverantwortung beim Bearbeiter des gD bleiben muss, da dort ein umfassendes Fachwissen vorliegt und hier somit frühzeitig steuernd oder korrigierend eingegriffen werden kann.

Die Datenerhebung wird über die Stabsstellen Militär an die untergeordneten Bereiche abgegeben, um im Filterprinzip die Daten sammeln zu lassen. Diese erfolgt in vorgefertigten (schreibgeschützten) Exceldatenbanken, um die Daten der verschiedenen Kommandobehörden optimal weiterverarbeiten und nach Abschluss des Auslosungsverfahrens reibungsarm in das Geschäftsstellenprogramm implementieren zu können.

Die personelle Umsetzung des Auslosungsverfahrens ist gesetzlich geregelt[11], davon kann nicht abgewichen werden.

Zur Erleichterung des Datenaustausches innerhalb der Rechtspflege wird das Geschäftsstellenprogramm genutzt, auf welche alle Kammerstandorte via Netzlaufwerk Zugriff besitzen und welches auch die Seriendruckfunktion unterstützt. Hier hat sich die Effektivität des Programms deutlich gezeigt, da durch automatisierte Abläufe eine zügige Bearbeitung gewährleistet wird.

Allein die postalische Rücklaufüberwachung (nebst Eintragung im Geschäftsstellenprogramm) erfordert größere zeitliche Spielräume (ca. 500 auszulosende ehrenamtliche Richtern pro Kammer) – hier ergibt sich auf Grund der Auslastung der Geschäftsstelle eine Zugehörigkeit zum mD, da das restliche Geschäftsstellenpersonal in ihren Kernaufgaben qualitativ und quantitativ ausgelastet ist.

---

[11] § 74 III S. 2 Wehrdisziplinarordnung (WDO)

2 Effizienz und Effektivität

2.1 Begrifflichkeiten

Effektivität ist der Grad der Zielerreichung, d. h. das Ausmaß, in dem die Leistungen der Verwaltung (die Produkte - Output) die beabsichtigten Wirkungen (Outcome) erreichen. Es geht also um die Frage, ob wir die **richtigen** Dinge tun.

Die Definition nach ISO 9000:2000 lautet: "Ausmaß, in dem geplante Tätigkeiten verwirklicht und geplante Ergebnisse erreicht werden."[12]

Effizienz ist das Verhältnis Input zu Output oder Leistung zu Kosten.

Damit entspricht die Effizienz in vielen Fällen der Wirtschaftlichkeit.

Es geht also um die Frage: "Tun wir die Dinge **richtig**?"

Die Definition nach ISO 9000:2000 lautet: "Verhältnis zwischen dem erreichten Ergebnis und den eingesetzten Ressourcen".[13]

Effektivität und Effizienz können, müssen aber nicht zwangsläufig gemeinsam vorliegen, was in den folgenden Beispielen verdeutlicht werden soll.

2.2 Elektronisches Geschäftsstellenprogramm

Im Jahr 2008 wurde seitens der Truppendienstgerichte probeweise das elektronische Geschäftsstellenprogramm eingeführt, eine Software auf Grundlage einer Access-Datenbank zur Bearbeitung von gerichtlichen Vorgängen.

Zur Einführung der Software wurde im Intranetauftritt der Rechtspflege bekannt gegeben:

„[...] Das neue System soll eine schnellere und wirtschaftlichere Arbeitsweise garantieren, mit weniger Papier und geringerem Arbeitsaufwand. [...] Aufgrund der Eigenschaften und Vorteile der neuen Software kommt man insgesamt zu einer beschleunigten Bearbeitung von gerichtlichen Angelegenheiten, reduziert zudem den Papier- und Verwaltungsaufwand. [...] Hierdurch sollen die Durchlaufzeiten wesentlich verringert werden und die Kommunikation mit den Außenstellen der Gerichtsbarkeit beschleunigt werden. [...]"

Seit nunmehr 3 Jahren arbeitet das Truppendienstgericht mit der neuen Software.

---

[12] Vgl. EN ISO 9000:2000; Kz 3.2.14, 3.2.15

[13] ebenda

Im gerichtlichen Arbeitsalltag hat das Programm sowohl positive als auch bis dato hemmende Eigenschaften gezeigt.

Der ursprüngliche Gedanke und Anspruch, mit der Software eine schnellere und wirtschaftlichere Arbeitsweise zu garantieren, konnte noch nicht erfüllt werden.

Mit dem System muss nun für jeden Vorgang neuerdings ein Kurzsachverhalt (Leitbild, Schlagworte) für die Datenbank erfasst werden, welcher sich im Nachgang bei der Schlagwortsuche jedoch als nützlich erweist, um Suchabfragen zeitlich zu verkürzen.

Die vorhandenen Unterlagen können elektronisch zwar umgehend an das zuständige Amtsgericht weitergeleitet werden, jedoch verfügt nicht jede Außenstelle über die passende Software, um mit dem betriebsinternen Programm zu kommunizieren.

Daneben ist es erforderlich, dass die jeweilige Originalakte des gerichtlichen Disziplinarverfahrens ebenfalls versandt werden muss, da nur diese bei den Gerichten zur weiteren Bearbeitung als Unterlage anerkannt wird.

Eine Steigerung der Effektivität ist sowohl für die Geschäftsstelle, als auch für die Gerichte außerhalb des Rechtspflegebereiches noch nicht gegeben.

Durch die hohen Kosten der Erstellung und der Bereitstellung des Systems, der Schulungskosten für die Anwender und des nicht verhinderten hohen Gebrauchs von Papier, da die Akte immer noch versandt werden muss, ist noch keine Effizienzsteigerung erkennbar.

Wird das System technisch ausgereift in Umlauf gebracht, ist eine Effizienzsteigerung garantiert.

2.3 Scan- und Druckkonzept TDG

Als weiteres Beispiel wird hier ein neues Druck- und Scankonzept aufgeführt.

Dieses gab vor, dass die Arbeitsplatzdrucker aller Mitarbeiter abgeschafft und neue Multifunktionsgeräte für eine ganze Arbeitseinheit, d.h. für den mittleren, den gehobenen Dienst und teilweise auch für den richterlichen Dienst angeschafft werden, um eine optimale Auslastung zu erreichen.

Eine Effizienzsteigerung ist gegeben, da das Multifunktionsgerät optimal ausgenutzt wird, weniger Wartungsaufwand besteht und somit Kosten gedämpft werden. Darüber hinaus stehen nun diverse neue Druckoptionen zur Verfügung, wie z. B. das Drucken und direkte Klammern von Arbeitsunterlagen.

Die Effektivität leidet jedoch, da die Mitarbeiter zu dem neuen Gerät, welches außerhalb der verschiedenen Büroräume an einer zentralen Stelle für die jeweilige Arbeitseinheit aufgestellt wurde, vergleichsweise lange Wege zurücklegen müssen. Zudem kann auch der Druckvorgang an sich nicht ohne zeitliche Abstriche durchgeführt werden.

Wurde z.B. ein Dokument mit sicherer PINvergabe gedruckt, sind am Multifunktionsgerät noch diverse Schritte bis zum endgültigen Druck auszuführen.

Ist der Druckvorgang ohne PINvergabe ausgeführt worden, können wiederum die Dokumente anderer Mitarbeiter, wenn diese zur gleichen Zeit gedruckt haben, im Ausgabefach vorhanden sein, was eine umständliche Sortierung zur Folge hat.

Eine weitere absolute Minderung der Effektivität besteht dann, wenn ein Mitarbeiter umfangreiche Scannarbeiten vornimmt und der Druckvorgang über einen längeren Zeitraum nicht ausgeführt werden kann und durchaus lange Wartezeiten in Kauf genommen werden müssen. Notwendige Wartungsarbeiten oder sonstige technische Probleme führen oftmals zu einem teilweisen Totalausfall für mehrere Stunden, dies ist – auch wenn notfalls ein Multifunktionsgerät einer anderen Arbeitseinheit genutzt werden kann – kaum zu kompensieren. Es sollte daher die Anzahl der zur Verfügung zu stellenden Geräte für eine Arbeitseinheit überdacht werden. Das Ergebnis des Konzepts, dass pro Geschäftsstelle (ca. 15 Mitarbeiter) ein Multifunktionsgerät als ausreichend erachtet wird[14], ist zwar unter den schon genannten Effizienzgesichtspunkten nachvollziehbar, zur Erreichung einer vergleichsweise guten Effektivität sollten mindestens zwei Geräte pro Arbeitseinheit zur Verfügung stehen.

2.4 Public Private Partnership – BwFuhrparkService (Auszug)

Die Bundeswehr hat viele der zivilen Serviceaufgaben, also derjenigen Bereiche, die nicht zwingend von Soldatinnen und Soldaten wahrgenommen werden müssen, in die Verantwortung von Kooperationspartnern übergeben. Ein Beispiel hierfür ist das Mobilitätsmanagement[15].

Das Beschreiten neuer Wege in der Zusammenarbeit mit privaten Partnern führte an einigen Stellen zu Abläufen, die nicht immer auf Effizienz und Effektivität ausgerichtet waren, sondern mehr einer möglichst vollständigen Adaption bestehender Vorschriften und Weisungen der Bundeswehr entsprachen.

Nach zum Teil mehr als fünf Jahren Wirkbetrieb zeigt sich, dass immer noch Hemmnisse in der Zusammenarbeit über alle Ebenen bestehen.

Die Folgen sind "Reibungsverluste", ein unnötig hoher Koordinationsaufwand sowie eine eingeschränkte Wirtschaftlichkeit der Leistungserbringung. Hier zeigt sich im Gesamtzusammenhang, dass ein auf Effektivität und Effizienz ausgerichtetes System mitunter mehrere Jahre braucht, um die Reibungsverluste zu erkennen und wirksam zu verringern.

Anhand von drei Beispielen wurde hier gezeigt, dass Effizienz und Effektivität nicht immer gleichzeitig vorliegen müssen, jedoch vieler Orten Bestrebungen bestehen, diesen Mangel auszubessern.

---

[14] Mündliche Umfrage Kammerstandort Leipzig (BWDA)

[15] http://www.bwfuhrpark.de/

Mathias Hirsch   Universität Kassel   SS 2011

Quellenverzeichnis

Schulte-Zurhausen: *Organisation*. 3. Auflage. 2002, S. 562

Siemens AG (Hrsg.): *Organisationsplanung*. 1992, 8. Auflage. S. 158-160

http://www.juris.de

Dienst- und Geschäftsordnung der Truppendienstgerichte DIGOT
(BMVg VR I 5 Az 11-02-06)

Rahmenvertrag BWB T2.1 - juris

§ 74 III S. 2 Wehrdisziplinarordnung

EN ISO 9000:2000; Kz 3.2.14, 3.2.15

http://www.bwfuhrpark.de/